LA
QUESTION SOCIALE

DISCOURS

PRONONCÉ PAR M. ÉMILE KELLER

A L'ASSEMBLÉE DES CATHOLIQUES

LE 10 MAI 1890

PARIS

LEVÉ, IMPRIMEUR DE L'ARCHEVÊCHÉ

RUE CASSETTE, 17

—

1890.

LA
QUESTION SOCIALE

DISCOURS

PRONONCÉ PAR M. ÉMILE KELLER

A L'ASSEMBLÉE DES CATHOLIQUES

LE 10 MAI 1890

PARIS

F. LEVÉ, IMPRIMEUR DE L'ARCHEVÊCHÉ

RUE CASSETTE, 17

1890

LA QUESTION SOCIALE

DISCOURS

PRONONCÉ

PAR M. E. KELLER

A L'ASSEMBLÉE DES CATHOLIQUES LE 10 MAI 1890

MONSEIGNEUR (1),

MESDAMES,

MESSIEURS,

Pendant que nos œuvres catholiques luttent pied à pied contre la pauvreté et contre la démoralisation, et que, malgré la persécution stupide dont elles sont l'objet, nos congrégations religieuses persistent à mettre leur dévouement au service de toutes les misères, il se fait, non seulement en France mais en Europe et dans le monde entier, un mouvement socialiste qui va chaque jour grandissant, et qui nous prépare, si l'on n'y prend garde, une révolution plus violente et plus profonde que celles du passé. C'est une marée montante qui menace de tout emporter.

A diverses reprises, dans nos congrès, je vous ai entretenu de ce péril, et je vous ai fait mesurer l'importance prise par les questions sociales qui semblent primer les questions politiques. Voyons aujourd'hui ce qu'elles sont devenues, quelle position les catholiques doivent prendre dans ce grave débat et quel

(1) Mgr Bélouino, évêque de Hiéropolis.

remède ils ont à opposer au mal qui mine la société jusque dans ses fondements. Il faut pour cela un véritable effort. Car en France l'apathie et l'imbécillité publiques ont fait de tels progrès, qu'on a pris l'habitude de vivre insouciant et folâtre, au milieu de tous les dangers et de toutes les hontes, avec un gouvernement qui nous ruine et nous déshonore, qui est par ses doctrines et par ses haines, par ses actes et par ses lois le complice du socialisme, et qui emploie toute sa puissance à saper l'ordre social. On l'oublie trop, et, après la manifestation avortée du 1ᵉʳ mai, il y a beaucoup de braves gens qui sont tentés de proclamer M. Constans un grand ministre (*Sourires.*), et de répéter, après Gambetta, que, en France, il n'y a pas de question sociale.

Ce serait se faire une étrange illusion. En Allemagne, M. de Bismarck a vainement essayé d'arrêter ou au moins d'endiguer le courant que les Français dédaignent. Et le puissant homme d'État, qui avait triomphé de nos armées et qui pouvait se croire le maître de l'Europe, a été vaincu et renversé par les socialistes. Justement ému de leurs progrès, le jeune empereur vient, comme vous le savez, de réunir une conférence internationale à Berlin, pour examiner les griefs des ouvriers et les moyens d'améliorer leur sort. Il daigne reconnaître que la religion a quelque chose à faire pour l'aider, et que, suivant son expression, l'action libre de l'Église devra appuyer et féconder celle de l'État. Dans un discours trop peu remarqué, adressé l'an dernier au Comité de l'Union des Corporations, ce prince protestant indiquait comme but de ses espérances de ramener l'ouvrier germanique à la hauteur à laquelle il était parvenu avant la guerre de Trente ans, c'est-à-dire avant la Réforme, alors que l'Allemagne était catholique.

Malgré cet aveu, Guillaume ne fait à la religion, dans cette entreprise, qu'une place secondaire, et il est fort à craindre que le seul résultat de ses efforts dévoyés ne soit d'augmenter la force et l'ardeur des socialistes.

Ah! ce n'est pas à Berlin, c'est à Rome, sous les yeux du Saint-Père, qu'auraient dû se tenir ces assises du travail chrétien. (*Très bien! Vifs applaudissements.*)

Oui, à Rome, le problème aurait été posé par Celui qui a reçu mission de le résoudre. En effet, c'est l'Église qui a seule émancipé les esclaves, c'est elle qui a remis le travail en honneur et qui, par l'exemple de ses moines, a formé l'ouvrier libre.

Aujourd'hui encore, c'est elle, c'est nous qui ressentons et qui témoignons la sympathie la plus sincère et la plus efficace à tous ceux qui travaillent et qui souffrent. (*Applaudissements.*)

En Amérique, l'épiscopat tout entier s'est opposé à la condamnation de la grande société des Chevaliers du travail, qui comptait un million d'adhérents et qui n'était pas sans inspirer quelque inquiétude par sa tendance mal définie.

Grâce à l'appui des évêques, cette puissante association ne s'est pas écartée du respect des vérités chrétiennes.

En Angleterre, le cardinal Manning vient de prendre une situation respectée de tous, comme arbitre des grèves qui avaient troublé la ville de Londres. Et, en France, c'est nous catholiques qui avons le plus à cœur de réaliser le bonheur des ouvriers dans la mesure où il sera possible d'y parvenir. (*Applaudissements.*)

Le Saint-Père lui-même n'a pas gardé le silence. Il a oublié que l'empereur d'Allemagne ne l'avait pas invité directement à se faire représenter au congrès de Berlin; il a oublié la singulière visite que l'héritier des Hohenzollern était venu faire au Vatican : il n'a eu en vue que la grandeur des intérêts en cause, et voici ce qu'il a écrit à l'empereur Guillaume :

« L'œuvre entreprise par Votre Majesté répond à un de nos vœux les plus chers. Nous nous en sommes occupé à diverses reprises.

« Sans nul doute, l'action combinée des gouvernements, autant que le permet la diversité des lieux et des pays, peut contribuer à faciliter une solution désirable. Aussi approuvons-nous hautement tout ce qui tendra à relever la condition des ouvriers, comme une distribution du travail mieux proportionnée aux forces, à l'âge et au sexe de chacun , le repos du jour du Seigneur, et en général tout ce qui empêchera le travailleur d'être exploité comme un vil instrument, sans égard pour sa dignité d'homme, pour sa moralité, pour son foyer domestique.

« Mais l'heureuse solution d'une question aussi grave réclame surtout le puissant concours de la religion et l'action bienfaisante de l'Église. La religion apprendra au patron à respecter dans l'ouvrier la dignité humaine, et à le traiter avec justice et équité. Elle donnera au travailleur le sentiment du devoir et de la fidélité et le rendra moral, sobre et honnête.

« C'est pour avoir méconnu les principes religieux que la société se voit ébranlée jusque dans ses fondements. Décidé à exercer spécialement notre influence au profit des classes ouvrières, nous espérons que dorénavant cette action salutaire de l'Église, au lieu d'être entravée, trouvera aide et protection auprès des pouvoirs civils. » (*Vifs applaudissements.*)

Dociles à la voix de Léon XIII, examinons maintenant le problème que les protestants et les francs-maçons ne trancheront pas sans nous et qu'il est, je l'affirme, réservé aux catholiques de France de résoudre. Voyons d'abord quelle est la cause et puis quels sont les remèdes du mal.

La cause du mal social est surtout morale, et les souffrances matérielles qu'il entraîne en sont la conséquence naturelle et non l'origine. En effet, par un singulier contraste, sur de rudes pentes de montagnes, au milieu de populations peu favorisées par la nature, mais qui ont conservé leur foi et leurs traditions et qui luttent courageusement pour gagner leur vie et garder leur indépendance, la misère est inconnue. Et plus bas, c'est au sein des pays privilégiés, dans les plaines riches et fertiles, assurant aux ouvriers des salaires plus élevés, que le paupérisme étale ses plaies et que le socialisme fait entendre ses plaintes et ses revendications. A quoi tient ce phénomène si humiliant pour la civilisation moderne ? En voici l'explication.

A mesure qu'elles se développent, la science et l'industrie attirent à elles la population de nos campagnes.

Au dur travail qui l'exposait au soleil et à la pluie, mais qui faisait de lui un homme libre et fort, l'ouvrier préfère l'atmosphère viciée et malsaine des ateliers. Ingrat pour la terre qui le nourrissait, il vend le foyer, le champ de ses aïeux, le bœuf et la charrue qu'il a si longtemps conduits, les provisions qui assuraient pour une année entière son existence et celle de sa famille ; et après avoir dissipé ce bien laborieusement acquis, dans une courte et trompeuse orgie, il va vivre au jour le jour du salaire qui lui est promis, sans songer qu'au plus léger accident, à la première maladie, au moindre chômage d'une industrie que la science et la mode transforment et bouleversent sans relâche, la faim et la misère l'attendent. C'est par millions que l'on compte ces nomades de la civilisation qui ont abdiqué, dans un jour d'égarement, la liberté que leur garantissait un modeste patrimoine, et qui vivent en côtoyant l'abîme de la pauvreté. Voilà le spectacle auquel nous assistons, et je répète que c'est un phénomène moral, car, si vous doubliez le salaire de cet ouvrier qui ne fait plus d'économies, qui est bien décidé à n'en plus faire, vous augmenteriez ses jouissances au jour le jour, mais vous n'écarteriez pas la menace suspendue sur sa tête, et vous ne lui rendriez pas la liberté du lendemain.

Dans notre ville de Paris, les ouvriers qui gagnent 10 et 15 francs par jour et même davantage, ne sont pas plus indépendants que ceux qui gagnent 3 et 4 francs, parce qu'ils n'économisent rien, et que, comme les autres, le moindre accident les plonge dans la misère.

Ce n'est plus l'ouvrier du moyen âge qui, lui aussi, avait son foyer, son épargne, ses biens privés et corporatifs, c'est un prolétaire qui n'a plus rien, et qui, à moitié redescendu au niveau de l'esclave antique, se croit dispensé de toute prévoyance, de tout souci de l'avenir.

Aussi quelle pénurie dans les familles! Jadis, à la campagne, une jeune fille travaillait des années pour préparer son trousseau, et elle avait une armoire remplie de beau linge, dont elle était justement fière le jour de son mariage. Aujourd'hui, dans nos centres industriels, allez ouvrir l'armoire de l'ouvrière, qu'y trouverez-vous? Un chapeau à fleurs et une paire de bottines (*Rires.*), pour aller danser à la fête voisine. Autrefois, on avait une paire de souliers, mais ils duraient vingt ans. (*Nouveaux rires.*)

Comment était-ce possible? Je vais vous l'expliquer la chose est bien simple. J'ai vu, dans ma jeunesse, la femme qui allait au marché porter ses souliers à la main. (*Hilarité.*) Elle s'arrêtait pour les mettre, en arrivant à la porte de la ville, et aussitôt sortie, elle se hâtait de les ôter. (*Rires.*) Ainsi ménagés précieusement, ils passaient parfois de la mère à la fille. (*Nouveaux rires.*)

Je vous ai parlé de la jeune fille qui n'a plus de trousseau. Il en est de même du jeune homme, qui aurait dû économiser un millier de francs avant de songer à fonder une famille et qui se serait ainsi assuré pour toute sa vie une aisance inappréciable. Dans l'industrie, il se marie sans le sou.

Tenez, j'ai vu tout récemment un ouvrier de 29 ans, vigoureux, intelligent, gagnant un large salaire. Il devait se marier le lendemain, et il n'avait rien dans sa poche, ni pour payer des habits qu'il comptait louer, ni pour régler les frais de la noce. Il n'y avait jamais songé, et il était au désespoir. Pourtant, ce n'était là que le début des angoisses qui l'attendaient dans la vie. Mais je pense qu'avant peu l'État providence aura en réserve des chemises et des habits à prêter aux ouvriers qui se marieront. (*Rires.*)

A côté de la dépendance perpétuelle et de la pauvreté qui, d'un instant à l'autre, résulte pour l'ouvrier de son imprévoyance, il est souvent en proie à des souffrances que je suis le premier à constater et à déplorer, car elles n'ont pas cessé d'être une de mes poignantes préoccupations. Il suffit d'avoir vu de près ce que l'industrie, talonnée par la concurrence, fait parfois des populations qui lui sont confiées et que des ateliers malsains ou un travail trop prolongé conduisent à une lamentable décrépitude physique et morale, pour en ressentir une immense compassion. Il y a là des réformes à faire, qui appellent toute la vigilance et du patron et du législateur.

Mais la ruine des santés est presque toujours hâtée par la corruption des mœurs et par la perte de tous sentiments religieux. Au temps où nous sommes, l'instituteur, les fonctionnaires de l'État et les journalistes en faveur travaillent à l'envi à déraciner la foi dans les centres manufacturiers. Et trop souvent, le patron est indifférent ou impuissant à lutter contre ces entraînements. Qu'en résulte-t-il? L'ouvrier qui n'a rien et qui ne croit à rien, est forcément socialiste. Le nombre des socialistes ne cesse pas d'augmenter, et le jour où ils se croiront et se sentiront les plus forts, rien ne les empêchera de se ruer sur un monde dont ils sont les parias, et il faut vous attendre à être dévorés. (*Mouvement.*)

Mais quel est le remède à cette maladie morale qui entraîne à sa suite tant de souffrances matérielles, qui conduit de malheureuses populations à la phtisie, au rachitisme, à une mort précoce, qui les jette au moindre accident dans une irrémédiable pauvreté, et qui leur inspire la haine de la société et la soif d'une révolution nouvelle ?

Ici, nous nous trouvons en présence de deux grands systèmes : le système allemand ou protestant, qui demande tout à la contrainte de l'État, et le système catholique, que j'appellerai aussi le système français, qui restreint le rôle de l'État et demande presque tout à la liberté.

Le système allemand ne date pas d'aujourd'hui. Il faut remonter au XVI⁰ siècle, pour en trouver les origines dans tous les pays qui se sont faits protestants. Quand Henri VIII inaugura la Réforme en Angleterre, il fit ce qu'ont fait plus tard nos jacobins modernes. Il commença par confisquer toutes les fondations, toutes les réserves accumulées par les générations passées pour venir en aide aux pauvres et aux ouvriers, et en échange il leur déclara qu'à l'avenir l'État se chargeait de les secourir ou de les occuper. Comme premier acte de tendresse pour tous ces malheureux, il prévint que la mendicité était défendue et ordonna que désormais tous les mendiants seraient pendus. (*Hilarité.*) Il n'y eut pas, en Angleterre, assez de potences pour pendre tous les mendiants, il en resta un certaiu nombre qui ne furent guère plus heureux. On les enferma dans des dépôts de mendicité ou maisons de travail forcé — *work-houses* — et là, les maris séparés de leur femme, les pères isolés de leurs enfants, furent condamnés à un labeur des plus pénibles sous une discipline de fer.

Ces abominables dépôts de mendicité ont laissé dans l'histoire une trace lugubre et soulevé les plaintes et l'indignation de tous les cœurs généreux. En même temps, l'ouvrier anglais était livré pieds et poings liés au capital qui, pendant près de deux siècles, l'exploita comme un véritable esclave.

Depuis cette époque, les sentiments se sont partout adoucis sous l'empire de la renaissance catholique et du grand mouvement charitable français du XVIIᵉ siècle. C'est en vain qu'on voudrait faire les honneurs de cette révolution pacifique aux philosophes encyclopédistes et notamment à ce misérable

Voltaire, qui vivait sans scrupule de la traite des nègres et qui disait qu'au peuple il ne fallait pas d'instruction, mais seulement du foin et un aiguillon comme au bœuf! (*Hilarité.*)

Sachons réserver notre reconnaissance à ceux à qui elle est due. Ceux qui ont ramené parmi nous les idées de charité, de générosité, d'humanité, de vraie fraternité, ce sont nos saints et nos saintes catholiques et, à leur tête, l'incomparable saint Vincent de Paul. (*Bravos et applaudissements.*)

Oui, c'est saint Vincent de Paul, une de nos gloires les plus pures, l'esclave volontaire, le père des orphelins et des pauvres, qui a eu la puissance de réagir contre les idées si dures de la Réforme. C'est lui qui a secoué le joug effrayant qui pesait sur tous les malheureux, et à sa suite trente mille Filles de la Charité, formées par son enseignement, sont vouées, dans toutes les parties du monde, au servive gratuit des pauvres. Ce ne sont plus là les rêveries et les chimères de philosophes en goguette, c'est dans tout son éclat et son efficacité la pratique de la vraie charité. (*Vifs applaudissements.*)

Sous l'empire de ce sentiment nouveau, les Allemands sont contraints d'appliquer d'une façon plus douce la théorie protestante de l'assistance des pauvres et des ouvriers par l'État. Le principe est le même, l'application seule s'en est modifiée, et il y a une épithète, de fabrication récente, que l'on prodigue en pareille matière, c'est celle d'humanitaire. Toutes les lois, tous les règlements sont humanitaires, la franc-maçonnerie se vante à tout propos d'être humanitaire. (*Sourires*.) Cependant, c'est toujours l'État qui doit secourir les pauvres et les ouvriers, et le grand prêtre de la Maçonnerie, le docteur Friedberg, que je vous ai souvent cité, enseigne que, pour ôter à l'Église son influence sur le peuple, il faut lui enlever non seulement l'école, mais encore le ministère de la charité. Conformément à ce précepte, dans chaque ville d'Allemagne, c'est la municipalité qui a pris à sa charge les pauvres de l'endroit et qui les fait secourir à domicile. On a bien reconnu, dans la pratique, que les conseils municipaux étaient peu propres à cette mission, et on a dû s'adresser à des œuvres de dames chrétiennes et charitables pour que les secours fussent distribués utilement. Quant aux pauvres de passage, il est absolument défendu de rien leur donner. Ils sont conduits par les gendarmes dans une auberge chargée de les héberger pendant une nuit. Le lendemain, ils sont, comme en Angleterre, dirigés sur un dépôt de mendicité, et là condamnés au travail jusqu'à ce qu'ils aient pu gagner une certaine somme. Vous voyez que c'est toujours le même système, le système d'Henri VIII, avec un peu moins de rigueur.

Puis, pour empêcher que le nombre des pauvres ne devienne trop grand, qu'un trop grand nombre d'ouvriers ne tombent à la charge de la société, on a imaginé tout un système nouveau d'assurances obligatoires, pour les accidents, les maladies et la vieillesse. Les assurances libres peuvent être une excellente combinaison financière que personne ne songe à condamner, mais, quant à l'obligation; c'est Bismarck qui en est l'inventeur. Au moyen de contributions imposées au patron et quelquefois aussi à l'ouvrier et au budget de l'État, le gouvernement pourvoit, pour douze millions d'hommes, à tous les accidents, à toutes les souffrances. En apparence, c'est magnifique : plus de malades, plus d'accidents, plus de vieillards (*Rires.*), tout est réparé! Dans la pratique, comment cela se passe-t-il?

Une grande partie des sommes perçues par les agents du fisc sont dépensées par les nombreux fonctionnaires, par les vastes bureaux chargés de cette colossale administration. Les frais ont dépassé toutes les prévisions. Ils ont été plus considérables au début que les secours à distribuer aux intéressés. Chose plus grave, les accidents ont augmenté dans de désolantes proportions. Personne n'y a plus pris garde. Patrons et ouvriers se sont dit : « Nous sommes assurés, et par suite débarrassés de tout souci. » Et les accidents ont augmenté de près de 50 pour cent. (*Sensation.*)

Voici un exemple qui vous en dira plus long que tous les raisonnements. Il y a quelques semaines, un Français passait la frontière. Il arrivait chez un industriel allemand de sa connaissance, et, pendant qu'ils causaient, on vint annoncer qu'un accident était survenu, qu'un ouvrier venait d'être tué. Le patron n'en témoigne pas la moindre émotion. Le Français en est tout surpris. « Vous vous étonnez? lui dit l'Allemand, mais cela ne nous regarde plus, tout est réglé maintenant par la loi des assurances.»(*Exclamations.*)

C'est la vérité. Dans ce système, tous les sentiments de compassion, de générosité, de dévouement fraternel, qui faisaient l'honneur du cœur humain, sont remplacés par une combinaison d'assurance, par un impitoyable calcul de chiffres, par une mécanique financière qui n'a ni âme ni entrailles. (*Applaudissements.*)

Vous en pouvez tout de suite mesurer les conséquences. Un ouvrier qui aspirait à avoir, après trente ou quarante ans de labeur, une maison et un coin de terre pour y reposer ses vieux jours, et qui aurait fait librement des sacrifices pour y parvenir, est obligé de renoncer à la poésie de ce cher foyer, de ce précieux petit jardin : tout cela est remplacé par un livret d'assurance. Celui qui, après s'être exténué pour ses enfants, s'attendait à être un jour entouré de leur reconnaissance, de leur tendresse et de leurs soins, va trouver une réponse toute prête : « Mais vous avez une retraite de la caisse d'assurance, et c'est à la caisse que nous sommes obligés de payer pour vous. »

Et quant au père de famille dans la force de l'âge, que devient-il dans ce système aveugle, qui a tout nivelé et qui n'a rien prévu? S'il a six ou sept enfants à nourrir, le voilà presque écrasé sous le poids des dépenses du présent. Pour peu qu'elles augmentent, il va succomber. Et au lieu de lui venir en aide, la caisse d'assurances lui réclame une contribution aussi forte qu'au jeune célibataire, qui n'a point de charges.

Enfin, ces caisses d'assurances universelles, que

feront-elles pour les véritables pauvres, c'est-à-dire pour les femmes battues ou abandonnées par leur mari? que feront-elles pour les petits enfants qui n'auront plus de père pour leur donner du pain? que feront-elles pour les infirmes qui passeront trente ou quarante années sur un lit de douleur? Rien de tout cela n'est prévu.

Malheur à tout ce qui sort des moyennes calculées par les mathématiciens de l'Assistance publique! Malheur à tout ce qui ne se moule pas exactement sur les engrenages de la grande machine administrative! Il faut y trouver sa place ou être écrasé. Voilà le système allemand dont on est si fier au delà du Rhin, et que l'Autriche a copié sur la Prusse, sauf de légères modifications. C'est le même que, par un esprit d'imitation servile, nos jacobins nous proposent en France, et qui, même chez nous, a jusqu'à un certain point attiré et entraîné quelques esprits généreux qui ont cru qu'il suffisait de l'adapter à leurs idées pour y trouver le remède à tous les maux de la classe ouvrière. Oui, nous avons entendu dire, avec d'excellentes intentions, que, le travail de l'ouvrier étant une fonction sociale, l'ouvrier devait, comme le fonctionnaire, avoir une retraite après trente années de travail. On ajoute que le paresseux et l'imprévoyant devant tomber un jour à la charge de l'Assistance publique, le législateur a le droit de prendre des mesures préventives pour que la faute d'un seul ne retombe pas sur la société entière, et que, par une mesure de police très légitime, l'État peut obliger les patrons à venir en aide à leurs ouvriers quand la maladie les frappe ou que la vieillesse les atteint.

De là tout un ensemble d'assurances et de corporations obligatoires sous le contrôle de l'État.

On ne se contente pas d'affirmer que la loi a mission de punir les excès coupables dont l'ouvrier serait victime, ce qui pourrait arriver pour un travail dépassant notoirement la force humaine. Mais on nous propose la journée légale de dix heures, comme un acheminement vers la journée idéale et chimérique de huit heures, et l'on semble donner à l'État le droit de fixer à la fois le temps du travail et le taux des salaires.

Une partie de ces mesures pourraient être appliquées dans des corporations libres, dont les membres seraient unis entre eux par des liens volontaires. Mais imposées à des corporations obligatoires, réglementées et contrôlées par le pouvoir, je crains bien que ce ne soient plus que des utopies séduisantes, plus fatales qu'utiles aux ouvriers, venant se briser contre la loi immuable et supérieure de la nature. En les propageant, ne se fait-on pas, sans le savoir, le complice des erreurs et des passions qui entraînent les foules, et de l'État sans Dieu qui veut les asservir ?

Il faut donc les examiner de près et voir où elles conduisent.

Tout d'abord je suis effrayé par le chiffre fantastique des sommes à percevoir pour alimenter les caisses d'assurances. Si vous voulez que les secours et les retraites ne soient pas dérisoires, il faudra chaque année environ 200 francs par tête d'ouvrier. Pour 5 millions d'ouvriers, cela fait un milliard de contributions nouvelles. Là-dessus, pour assurer le service des retraites, on devra accumuler et capitaliser une trentaine de milliards. Cet immense trésor, vous allez le confier au gouvernement dont vous connaissez l'esprit d'économie et qui a si allègrement dépensé les centaines de millions des caisses d'épargnes! Je vous avoue que cela m'inspire les plus grandes inquiétudes. (*Rires et applaudissements.*)

Maintenant, jusqu'à quel point est-il possible de prélever ces deux cents francs par an en faveur de chaque ouvrier, sans diminuer notablement son gain journalier, et peut-on à la fois réduire son travail et augmenter son salaire? Ah! je connais un pays privilégié où la journée peut être ramenée bien au-dessous de huit heures, c'est l'Afrique équatoriale et la terre promise du Dahomey, que nous allons, paraît-il, conquérir, et où les partisans du travail court pourront aller s'installer. (*Rires.*) Dans cette heureuse contrée, la dépense du chauffage et de l'habillement est totalement supprimée (*Rire général.*), et si pour se nourrir on se contente du sorgho et des fruits qui croissent toute l'année sans culture, on peut se reposer six jours sur sept. Mais dans notre pauvre vieille Europe, où le climat est rude, le sol ingrat, la mode capricieuse, les besoins nombreux, les impôts écrasants, et où les folies de nos gouvernants présents et passés imposent à elles seules à chaque ouvrier deux heures de travail par jour au profit du fisc, comment raisonnablement songer à la journée de huit heures?

Mais vous dira-t-on, la solution est simple. Il suffit de diminuer la part de bénéfice que s'adjuge le capital, et si le capital résiste à un arrangement à l'amiable, les socialistes se chargeront de le confisquer et de le faire administrer par des fonctionnaires, par des ingénieurs de l'État. — Sait-on bien, pour en parler aussi légèrement, ce que sont aujourd'hui ces gros bénéfices du capital, comparés à ceux du travail? On a fait là-dessus des recherches très sérieuses. En Belgique, notamment, dans les charbonnages, où il y a beaucoup de mécontents, on a fait le calcul de ce que les ouvriers et les propriétaires avaient tiré des mines. Les ouvriers ont eu pour leur part, sur le produit brut, 56 0/0, le capital à peine 2 0/0, c'est-à-dire 28 fois moins.

En France, dans les houillères du département du Nord, les ouvriers ont reçu, en une année, pour 21 millions de salaire. Le capital a touché, comme intérêt, amortissement et bénéfice, 2,700,000 francs, c'est-à-dire 1/8 du salaire.

Dans les tissages de coton, la proportion attribuée au capital est 1/6 ou 1/7 du salaire payé aux ouvriers.

Dans la métallurgie française, qui a traversé de mauvais jours, la main-d'œuvre a souvent absorbé la totalité des recettes. Dans les bonnes années elle en a toujours prélevé les 4/5 ou les 3/4.

Vous voyez donc que, même en allant jusqu'au bout de la théorie socialiste, en confisquant tout le revenu du capital et en chargeant des fonctionnaires de construire, de diriger, d'entretenir les usines, moyen fort coûteux, le salaire de l'ouvrier ne serait pas sensiblement augmenté. Quant à son sort, il serait certainement moins heureux. Car bien loin d'être émancipé, il tomberait corps et âme sous la dépendance de l'État, chargé de son bonheur, mais en retour maître absolu de sa vie et de sa conscience.

Et vous êtes-vous demandé à quel pouvoir vous alliez conférer cette toute-puissance? Est-ce à un État chrétien, à un État idéal et parfait, n'ayant que de bonnes intentions, cherchant à faire le bien, le bonheur de tous? Ne vous êtes-vous pas aperçu que vous allez au contraire décupler la puissance de l'État sans Dieu, de l'État maçonnique et jacobin, qui veut systématiquement la guerre au bien? Les immenses richesses que vous allez concentrer, vous les remettrez entre les mains de ce grand prolétaire, de ce grand prodigue, qui a dissipé tous les capitaux, toutes les réserves du passé, et c'est à lui que vous allez confier de nouveaux milliards, gagnés péniblement par le travail et l'épargne du Français, afin qu'ils soient dévorés comme tout le reste! (*Applaudissements.*)

Quant au pauvre et à l'ouvrier chrétiens qui vont être englobés dans ce vaste système de corporations, de syndicats, d'assurances obligatoires, ne vont-ils pas être noyés et perdus au milieu des ouvriers impies, sous une direction anti-sociale et anti-religieuse? Ce seront là de véritables parias et, s'il y a des secours et des faveurs, vous pouvez être sûrs que ce ne sera pas pour eux. (*Vive approbation.*)

Puis comment les véritables pauvres, les femmes, les enfants sans appui, les infirmes, les déshérités de la fortune seront-ils aidés, soulagés, consolés par les rouages de l'assistance légale? M. Floquet, alors qu'il était ministre, a fait à ce sujet un beau discours, en ouvrant le Conseil supérieur de l'Assistance publique : « D'après la déclaration des droits de l'homme, disait-il, les secours publics sont une dette sacrée. » Il annonce des lois pour organiser définitivement l'assistance publique en France, et affirme que le but du gouvernement est de faire en sorte, par ces lois, que le vrai besoin soit toujours secouru, sans que jamais l'imprévoyance ou la paresse reçoive un encouragement.

Après avoir donné de si belles espérances, M. Floquet essaya de se mettre à l'œuvre et prescrivit au directeur de l'Assistance publique, M. Monod, de faire à Paris une expérience fort intéressante. On interrogea pendant plusieurs jours tous les mendiants valides qu'on trouva dans les rues : ils étaient au nombre de 727, et on leur offrit du travail bien payé dans divers chantiers ou manufactures. Savez-vous combien il y en eut qui acceptèrent de travailler plus de deux jours? Dix-huit! (*Exclamations et rires.*)

Il fallait s'y attendre; mais après avoir casé ces 18 ouvriers, qu'est-ce que M. Floquet a fait des gens paresseux qui ont repoussé ses propositions? Qu'a-t-il fait de leurs familles, plus intéressantes qu'eux? Et comment secourir les vrais besoins des enfants affamés, sans que la paresse du père reçoive un encouragement? Ah! l'Assistance publique est impuissante à résoudre ce problème. Il n'y a que la charité qui puisse aller visiter utilement l'homme malheureux par sa faute, et qui soit capable de toucher son cœur, de relever son courage, de redresser sa conduite sans encourager ses vices (*Applaudissements.*)

Enfin, je fais au système allemand des assurances obligatoires un dernier et grave reproche : c'est qu'il déclare l'ouvrier à tout jamais incapable de rien épargner, hors d'état de s'élever par ses propres forces à l'aisance et à la liberté. Oui, en organisant pour lui ces combinaisons financières qui pourvoient, au moins en théorie, à tous ses besoins de l'avenir, c'est lui dire qu'il n'a plus à s'occuper de rien, et qu'il y a au-dessus de lui un État providence qui le dispense désormais de tout effort, de tout sacrifice volontaire et personnel. Notre but, au contraire, ne doit-il pas être de l'amener à sortir de cette situation dépendante et de l'aider à conquérir sa liberté par l'économie? Oui, notre vœu et notre ardent désir, c'est que chaque ouvrier arrive à avoir sa maison, son ménage, son jardin, ses provisions pour l'année, et qu'il puisse se reposer dans ses vieux jours, entouré de sa famille! (*Applaudissements.*) Tel était le sort des ouvriers du moyen âge, et je n'admets pas que nous ayons dégénéré au point de ne pouvoir les imiter. (*Très bien !*)

De leur côté, les ouvriers anglais se montrent parfaitement capables de discuter leurs intérêts, de s'unir, de s'associer, de faire des économies personnelles ou collectives et de s'assurer eux-mêmes contre les maladies et les accidents. C'est par milliers que l'on compte leurs associations. Admettez-vous que nous, Français, nous leur soyons inférieurs ?

Non, et je proteste de toute mon énergie contre une théorie qui, chez nous, mettrait l'ouvrier en tutelle perpétuelle et le déclarerait à jamais incapable de se relever lui-même et d'arriver librement à une honnête indépendance ! (*Vifs applaudissements.*)

Les exemples ne manquent pas à l'appui de mon affirmation. En voici deux que j'ai déjà cités ailleurs et sur lesquels j'appelle votre attention. Dans une grande cristallerie dont vous connaissez les merveilleux produits, à Baccarat, depuis longtemps l'ouvrier est économe. Comment cela se peut-il ? Bien que, dans ce genre d'industrie, on déclare que les feux ne peuvent pas s'interrompre, à Baccarat on ne travaille jamais le dimanche. La conséquence, c'est que la vie de famille y est en honneur, la religion est respectée, et l'ouvrier menant une vie chrétienne devient naturellement économe. Lorsqu'il arrive à la limite de ses forces et à l'âge du repos, il a généralement 10, 15 ou 20,000 francs d'économies, et un jour, en 1848, l'argent étant venu à manquer à l'usine, ce sont les ouvriers qui vinrent en aide aux patrons, et qui sortirent de leurs vieux bas de laine quelques centaines de mille francs qui y sommeillaient. (*Vifs applaudissements.*) Aujourd'hui, ils ont quatre millions d'économies.

Commentry a eu la bonne fortune de posséder pendant 20 ans un directeur modèle, M. Gibon, aujourd'hui un des meilleurs collaborateurs de nos œuvres parisiennes. Quand il y est arrivé, il a trouvé des oppositions faites sur le salaire d'environ 500 ouvriers. Il n'a pas songé à demander que la loi rendît le salaire insaisissable, ce qui serait injuste et d'un pernicieux exemple. Mais il a fait venir ces 500 ouvriers, et il leur a dit : « Je ne veux plus que vous ayez de dettes. Je vais vous avancer de quoi payer celles que vous avez contractées. Vous me les rembourserez en six mois, sans avoir aucun frais à supporter. Mais j'entends que vous n'en fassiez plus à l'avenir. Le premier d'entre vous qui s'endettera sera renvoyé. » En vérité, Messieurs, cela ne vaut-il pas mieux que l'insaisissabilité des salaires ? (*Très bien ! et applaudissements.*)

En même temps, ces ouvriers devinrent les actionnaires d'une société coopérative qui leur acheta et revendit à bon marché les vivres et les objets dont ils avaient besoin. L'entreprise réussit à merveille et procura à ses actionnaires des bénéfices très encourageants, à la grande colère des petits commerçants qui exploitent trop souvent la classe laborieuse et dont on retrouve la main perfide dans toutes les grèves. Dans une réunion de cette association, voici le langage que le directeur tenait aux ouvriers ?

« Je vous félicite de savoir quel est le prix de l'épargne. A tout propos on parle de liberté. Il n'y a pas de liberté quand on est aux prises avec la misère. On ne devient indépendant que par l'épargne. Sans doute, l'épargne est un grand effort et un sacrifice très dur. Mais aussi quelle satisfaction, quelle récompense d'avoir conquis un peu de liberté par cette épargne, la liberté de se construire un foyer, la liberté de choisir un mari pour sa fille et de donner une position à son fils, la liberté enfin de passer ses vieux jours dans le repos après une vie consacrée au devoir ! » (*Applaudissements.*)

Voilà le langage de la vérité, tenu à des hommes qui savaient la comprendre et la mettre en pratique. Pourquoi ces exemples ne sont-il pas plus nombreux ? Parce que mille entraves qu'il faudrait briser enlacent déjà notre activité et paralysent l'essor du bien. Le système allemand viendrait mettre le comble aux maux dont nous souffrons. Il est, en réalité, la négation audacieuse de la liberté humaine, de la liberté de l'ouvrier. Il nous conduirait, s'il était appliqué, à la servitude la plus dure et la plus odieuse, à un despotisme nouveau, dépassant tout ce qui s'est vu dans les temps anciens. Ce ne serait plus le césarisme militaire, avec l'éclat de ses victoires ; ce serait le césarisme en habit noir, le césarisme d'une secte d'avocats et de journalistes associés pour exploiter le pays sans scrupule ni pudeur. Que les Allemands subissent ce joug, si cela leur fait plaisir. Nous n'en voulons pas en France ! (*Vifs applaudissements.*)

J'ai hâte d'arriver au système catholique, au système français, faisant appel à la liberté. Ici le rôle de l'État est restreint. Sans doute, il doit réprimer tous les excès coupables, et comme le Souverain Pontife le disait l'an dernier, au pèlerinage ouvrier français, « il peut, par des règlements et mesures équitables, garantir les intérêts des classes laborieuses, protéger le jeune âge, la faiblesse et la mission domestique de la femme, et le repos sacré du dimanche Mais avant tout, il doit laisser à l'Église la liberté de ressusciter les âmes. »

Ainsi, la mission limitée du pouvoir, c'est de protéger les faibles victimes de l'oppression, et spécialement la femme et l'enfant, dont la santé est trop souvent compromise par un travail excessif. Le Saint-Père appelle sur ces êtres si dignes de compassion et d'intérêt, non seulement la sollicitude du patron, mais celle du législateur ; sur ce point, nous sommes tous d'accord, et nous aimons à nous rappeler l'éloquence avec laquelle notre bien aimé président Chesnelong demandait, tout récemment, au Sénat, que le travail de nuit des femmes fût interdit par la loi. (*Vifs applaudissements.*)

Mais, lorsque l'État aura réprimé les excès du mal, ce que nous lui demandons avant tout, et ce qu'il nous refuse absolument aujourd'hui, c'est la liberté du bien. Qu'il nous donne d'abord la liberté religieuse. Oui, à l'ouvrier qui a à lutter contre ses passions, il faut autre chose qu'un petit manuel de morale civique ; il faut notre bon vieux catéchisme (*Applaudissements.*) pour vaincre les dieux païens, Bacchus et Vénus, qui en chair et en os attendent l'ouvrier au coin de la rue ; il faut que nous connaissions et que nous aimions le Fils de Dieu fait homme, qui a travaillé, qui a souffert et qui a versé son sang pour nous. (*Vifs applaudissements.*)

Or, la liberté religieuse n'existe pas sans la liberté

du dimanche. Je ne reviendrai pas sur tout ce que notre président vous a dit à ce sujet, mardi, avec tant d'âme et de puissance, vous faisant voir que le repos du dimanche résume pour l'ouvrier la vie chrétienne, la vie de famille, la vigueur, la santé, et toutes les joies du cœur.

Oui, qu'on nous rende la liberté du dimanche, tout le monde reconnaît qu'elle est indispensable.

L'empereur d'Allemagne et les délégués de Berlin l'ont solennellement proclamé. Nos délégués français ont affirmé, eux aussi, qu'il fallait à l'homme un jour de repos par semaine, mais retenus par je ne sais quelle fausse honte, par quel scrupule maçonnique, ils n'ont pas osé prononcer le nom du dimanche. Il n'y a que M. Jules Simon qui ait eu ce courage. Je voudrais bien savoir quel est le jour qu'au fond du cœur ses collègues avaient en vue. Seraient-ils partisans du lundi? (*Rires.*) Quoi qu'il en soit, si l'on veut que l'ouvrier soit un homme libre, il faut que la liberté de son dimanche soit désormais inviolable. (*Vifs applaudissements.*)

Puis, nous réclamons la liberté de la famille, et, pour cela, que le travail de nuit des femmes soit proscrit, que le travail des femmes et des enfants soit limité. Dans les fabriques d'Angleterre, la journée de la femme est fixée par la loi, et le samedi, à partir de midi, elle quitte l'usine, elle est libre de vaquer aux travaux du ménage, de raccommoder le linge de ses enfants, afin qu'ensuite elle se repose réellement le dimanche. Voilà un bon exemple à suivre! (*Applaudissements.*)

Loin de là, chez nous, il semble que la loi et le pouvoir fassent tout pour détruire la famille. L'État, profanant audacieusement le dimanche, condamne tous les ouvriers qu'il occupe à un labeur perpétuel. Le mariage est ruiné, battu en brèche par le divorce. Savez-vous quelle est la conséquence du divorce pour les classes laborieuses? Quand elles voient les riches se payer successivement de belles noces et de coûteux divorces, elles pensent qu'il est plus simple, plus économique de se dispenser à la fois des formalités du mariage et des formalités du divorce (*Rires approbatifs.*), et alors nous avons le spectacle de populations vivant dans une lamentable promiscuité et ne connaissant plus ni le lien sacré du mariage ni la joie du foyer domestique. Enfin, la famille n'est-elle pas ruinée par les lois scolaires qui viennent prendre leurs enfants aux parents qui ne peuvent se payer une école libre, ou qui, placés sous la dépendance de l'administration et ayant besoin de ses secours, ne parviennent pas à se soustraire à la tyrannie de l'école sans Dieu. (*Applaudissements.*) J'ai donc raison de le dire, nous avons un gouvernement qui, au lieu d'assurer la liberté de la famille, en est le destructeur ! (*Nouveaux applaudissements.*)

Et pourtant, au point de vue économique, comme au point de vue moral, rien ne saurait remplacer cette merveilleuse institution. En effet, qui pourrait calculer les richesses que les parents dérobent à leur jouissance personnelle pour les employer à la nourriture, à l'éducation de leurs chers enfants, que les enfants à leur tour se plaisent à consacrer à l'entretien de leurs vieux parents? Que de milliards qui, au lieu d'aller au cabaret, au débit de tabac ou ailleurs, sont généreusement sacrifiés au bonheur de ceux que l'on aime ou accumulés par une main prévoyante pour leur assurer dans l'avenir une vie plus facile!

Que du moins le gouvernement protège la sainte liberté de l'épargne, et, quand un ouvrier, à la sueur de son front, est parvenu à économiser 500 francs, 1000 francs, qu'il sache où les placer. Ah ! l'embarras est grand aujourd'hui, et l'on se demande, dans notre grand pays de France, où sont les affaires honnêtement conduites (*Sensation.*); et, quand on voit les princes de la finance acheter à la fois le concours de tous les journaux pour faire chanter leurs louanges, celui des puissants du jour pour s'assurer l'impunité, puis attirer à eux des centaines de millions pour les précipiter dans un gouffre dont on ne voit pas le fond (*Vive approbation.*); quand on voit des centaines d'émissaires qui parcourent librement les campagnes pour y colporter des valeurs sans nom; quand on voit le patrimoine du petit, de l'ouvrier, du domestique, du modeste employé devenir la proie de ces flibustiers, on comprend qu'ils reculent devant les sacrifices qu'impose l'économie, car ils se demandent ce que deviendra leur argent.

Et ici permettez-moi d'appeler votre attention sur la distinction profonde à faire entre le capital respectable que l'on fait valoir laborieusement dans le commerce, l'industrie ou l'agriculture, et le capital d'agiotage et de spéculation employé à jouer à la Bourse et à lancer des affaires.

Le premier est accablé de charges, de risques et d'impôts, et il est arrivé à la limite de ce qu'il peut porter. Le second a tous les privilèges, toutes les immunités, et il n'y a point de bornes aux bénéfices scandaleux qu'il se procure. Néanmoins on les confond dans les déclamations auxquelles on se livre contre la féodalité financière des temps modernes, et quand il s'agit d'impôts sur le revenu, c'est toujours sur le propriétaire, sur l'agriculteur, sur l'industriel dignes d'intérêt qu'on prétend faire retomber le fardeau. Petite ou grande, on fait la guerre à l'épargne honnête au lieu de la protéger.

Si sage et prévoyante que soit la famille, elle ne suffit pas toujours à parer à tous les accidents. Elle peut être atteinte par la maladie, brisée par la mort. Au-dessus d'elle, il faut l'association libre qui réunit les membres d'une même profession, d'un même corps de métier, qui met en commun une partie de leurs économies et les dons qu'ils peuvent recevoir.

Quoi de plus simple que l'union d'hommes qui veulent se concerter pour protéger leurs intérêts et sauvegarder leur avenir, d'ouvriers qui désirent organiser entre eux une de ces caisses d'assurance mutuelle dont on parle tant aujourd'hui, ou bien avoir une école pour leurs enfants, un hôpital pour leurs malades? Car enfin ce sont là les bienfaits que la liberté assurait jadis à la vieille corporation dont la charité était le lien. De nos jours on peut s'associer partout, en Suisse, en Allemagne, en Angleterre, en Amérique, en Turquie même; en France, cela est défendu, et si on se réunit à plus de vingt personnes, on tombe sous le coup de la loi, on peut et on doit être condamné !

Je sais qu'on a fait une loi sur les syndicats professionnels. Mais elle ne donne que d'une façon dérisoire aux ouvriers la liberté d'acquérir et de posséder qui est le complément nécessaire, le signe même de l'existence de l'association. Ces syndicats peuvent posséder... une salle pour se réunir et y suivre des cours (*Hilarité.*); mais s'ils avaient la fantaisie de se bâtir une école, jamais ! de se construire une chapelle, un hospice, jamais !

Si, dans tous les pays libres, l'association a le droit d'acquérir et de posséder, la conséquence c'est que l'homme qui meurt puisse consacrer sa fortune à soutenir des associations ou des œuvres utiles, qu'il puisse à son choix fonder une caisse de secours, une école, une université, un hospice, une église, ou enrichir de ses dons une corporation ouvrière. Or, ce droit, nous ne l'avons pas. Il est permis de dissiper sa fortune en plaisirs honteux, en folies d'un jour : il est défendu de l'employer à faire le bien après sa mort. Les anciennes fondations ont été confisquées par la Révolution, et on les empêche de renaître. Les œuvres qui existent et qui possèdent quelque chose sont traquées de toutes façons par des lois politiques, par des règles administratives, par des rigueurs fiscales qui dépassent tout ce que l'imagination peut rêver de plus monstrueux. Elles vont si loin, que ceux qui les ont imaginées ne savent souvent pas comment ils pourront les appliquer.

En voici un exemple : c'est l'impôt d'accroissement sur les congrégations religieuses. On avait décidé autrefois qu'elles seraient frappées d'un droit de mainmorte, afin de compenser les droits de succession qu'elles ne payaient pas. Aujourd'hui on prétend réunir les deux charges, et chaque fois qu'un membre de la congrégation m...   ...idère tous les autres comme ses héritiers. Voyez où cela pourrait conduire.

Prenons les Filles de la Charité qui sont 30,000, dont 20,000 Françaises. Supposez qu'il en meure 500 tous les ans, voilà 500 successions, et, pour chacune, 20,000 héritières. (*Exclamations ironiques.*) Cela ferait 10 millions de successions par an.

Que, pour chacune, le fisc réclame seulement 1 franc de frais ou une feuille de papier timbré de 60 centimes, quelle somme colossale ! Quelle injustice criante ! Voilà où en est réduite chez nous la liberté d'association et la liberté des fondations.

Unissons-nous donc tous pour les réclamer, et ici je m'adresse à ceux de nos amis qui font partie de la noble école de Le Play, à ceux qui soutiennent avec tant de persévérance et d'énergie la liberté testamentaire. Je les ai entendus souvent soutenir que le père de famille devait être libre de disposer de ses biens et de les donner à un seul de ses enfants si les autres avaient démérité.

Je ne veux pas examiner sous toutes ses faces cette question, où l'on se heurte à tant de difficultés et d'habitudes prises ; mais ce que je demande à ceux qui défendent cette thèse, c'est de réclamer

avec nous, chose plus facile, que celui qui n'a pas
d'enfants puisse faire de sa fortune un emploi hono-
rable et utile pour l'avenir. Il y a un mot fantastique
par lequel on croit battre en brèche et réduire à
néant la liberté des fondations : c'est le mot de
« mainmorte ! » Les honnêtes gens sont glacés d'ef-
froi quand on le prononce : « mainmorte ! » Il
semble qu'on voit la main d'un squelette qui s'agite
et qui va s'appesantir sur le pays, pour le frapper de
stérilité. (*Hilarité générale.*) La mainmorte, Messieurs, c'est, au contraire, la main vivante et bienfaisante de celui qui veut échapper à la loi du temps
pour faire le bien.

Savez-vous ce qu'était la mainmorte, en 1789 ?
Lorsqu'on confisqua les biens du clergé, qui étaient
en grande partie ceux de l'enseignement et des pauvres, il y avait cent millions de rentes, représentés par
deux milliards et demi de propriétés. Pour deux cent
mille prêtres, religieux et religieuses, cela faisait à
peine cinq cent francs de rente par tête. Trouvez-
vous le chiffre effrayant, et la fortune publique en
était-elle compromise ? Je vous en laisse juges. (*Applaudissements.*)

Ah ! n'est-elle pas plus grande et plus redoutable
de nos jours, la puissance de ces grands financiers,
qui possèdent tous les privilèges, toutes les immunités, et qui, assurés des faveurs du pouvoir,
exploitent tranquillement la société moderne ? Qu'on
rende à la générosité française son libre essor,
et elle pourvoira en peu de temps aux dépenses
du culte, de l'enseignement, de l'assistance pu-

blique, et aux besoins des classes laborieuses.

Il est donc temps de revendiquer les libertés qui appartiennent à tous les peuples qui se respectent, et de juger définitivement cette doctrine allemande qui aboutit au césarisme. Je vous ai souvent signalé le plan de campagne contre l'Église des francs-maçons prussiens, plan qui consiste à mettre aux mains de l'État, non seulement l'école, mais encore l'assistance des pauvres et des ouvriers.

Grâce à Dieu, nous ne sommes ni protestants, ni Allemands. Sachons profiter des qualités du génie national que Dieu nous a départi, et rappelons-nous, comme le Saint-Père le disait à nos ouvriers : « Que dans le pays de France, on n'avait jamais vu décroître l'ardeur du bien ni pâlir la flamme de générosité pour le sacrifice ! » (*Applaudissements.*)

Oui, la France est le pays de la charité, de l'amour pour ses frères poussé jusqu'à l'héroïsme, la France est le pays des missionnaires et des Sœurs de charité.

Vous savez que l'Allemagne a maintenant de grandes possessions en Afrique. Ces jours-ci même, Léon XIII écrivait, à ce sujet, à l'archevêque de Cologne, l'exhortant à organiser un séminaire pour ceux qui auraient la vocation d'aller évangéliser ces contrées barbares.

Si on ouvre ce séminaire, savez-vous qui va le remplir ? Ce sont nos Alsaciens et nos Lorrains. (*Vifs applaudissements.*) C'est qu'ils sont toujours Français de cœur, et que le génie allemand ne parviendra jamais à se les assimiler ! (*Nouveaux applaudisse-*

ments.) Oh ! il n'y a en Allemagne qu'une bonne chose à prendre, ce sont nos chères provinces perdues ; dans tout le reste, laissons les Allemands chez eux, à leurs rêveries et à leurs tendances césariennes, à leur système d'assurances obligatoires inventé par Bismarck pour sceller la tombe du prolétariat et proclamer solennellement l'irrémédiable infériorité et l'incapacité de l'ouvrier. Qu'on fasse appel au génie français, et qu'on nous laisse la liberté du bien. Avec cela, nous nous chargeons de résoudre la question sociale. (*Bravos et applaudissements prolongés.*)

Paris. — Imprimerie F. Levé, rue Cassette, 17.